휘청거리는 도시

휘청거리는 도시

김민지 두 번째 시집

머리말

두 번째 노트를 펼쳤다.
더 막막해진 빈 노트에 동그라미만 그려가며
씁쓸하게 돌아서던 어느 날

한 줄기 빛으로 다가온
도시의 가로등
어둠을 밝혀주는 그 빛 속을 걸으며
다시 펜대를 움켜잡고
엉엉 울었다.

이제는 마른 눈물이 아닌
젖은 눈물을 닦으리라.

휘청거리는 도시에서 만난
꿋꿋한 가로수에
긴 겨울 지나고 봄을 꿈꾸는
새순이 돋아나는 빛을 보았다.

마른 나무에
물을 듬뿍 부어주신
박종규 교수님께
두 번째 고백합니다.

2025년 봄날에
비봉 김 민 지

차 례

머리말/ 4
제1부 **겨울비에 떠난 사내**/ 11
겨울 강바람/ 13
두고 온 섬/ 14
내 나이 육십에 첫사랑을 만나다/ 16
창문이 흔들리는 건 바람 탓이 아니다/ 18
겨울 비행/ 20
겨울나기/ 21
겨울 발자국/ 22
바람 부는 섬/ 26
사금파리 같은 인생/ 25
겨울비에 떠난 사내/ 26
대나무 숲속으로 들어가 흔들린다/ 28
길에서 길을 말하다/ 30
토닥이는 시간/ 32
유년의 그림자/ 34
만남의 기쁨이 선물처럼 내게로 왔다/ 36
앙상해진 어깨/ 38

제2부 **봄비에 젖어**/ 39

상처/ 41
떨켜의 자리/ 42
꿈/ 43
꽃이 피어날 때/ 44
어느 날 문득/ 46
봄이 내게 올 때는/ 48
이제는 바다가 두렵지 않으리/ 50
푸른 기도/ 51
봄 선물/ 52
봄비에 젖어/ 54
봄눈이 녹듯이 내 마음도/ 56
쉰넷의 봄을 던져 버린다/ 58
봄 앓이/ 60
제비꽃 사랑처럼/ 62
봄이 오는 소리/ 64
갉아먹으며 사는 일/ 66
떨어진 꽃잎만큼 세월이 지나간다/ 68

제3부 **법성사 다녀오는 길**/ 69

봄빛/ 71
두고 온 고향/ 72
그곳에 가고 싶다/ 74
이끼 낀 세월/ 77
아직은 너무 춥다/ 78
봄 편지/ 80
봄이라는 이름으로/ 82
법성사 다녀오는 길/ 83
하얀 미소/ 84
봄 노을/ 86
섬진강에서/ 88
두고 온 풍경소리/ 90
꽃도 피어날 때 아플까/ 91
휘청거리는 도시/ 92
찔레꽃 피는 언덕/ 94
우리 엄마는 치매/ 95
낙조대에서/ 96
햇살이 수를 놓는다/ 97

제4부 부뚜막에서 쓰는 편지/ 99

세월의 강/ 101
바람 불어 좋은 날/ 102
바람의 일기/ 104
들말을 서성이며/ 106
고삼 저수지의 아침/ 108
10년 만의 외출/ 109
너에게/ 110
당신의 이름은 오월이었습니다/ 112
그리움인 것을 깨닫기까지/ 114
소나무처럼 살고 싶었다/ 116
부뚜막에서 쓰는 편지/ 118
거미줄에 걸렸다/ 120
소나무 너에게 머물다/ 122
매미 한 시절/ 124

에필로그/ 126

제1부 **겨울비에 떠난 사내**

겨울 강바람
두고 온 섬
내 나이 육십에 첫사랑을 만나다
창문이 흔들리는 건 바람 탓이 아니다
겨울 비행
겨울나기
겨울 발자국
바람 부는 섬
사금파리 같은 인생
겨울비에 떠난 사내
대나무 숲속으로 들어가 흔들린다
길에서 길을 말하다
토닥이는 시간
유년의 그림자
만남의 기쁨이 선물처럼 내게로 왔다
앙상해진 어깨

겨울 강바람

소리 없이 흐르는 강물 위로
소음처럼 지나가는 세월

겨울 강바람만
가로등을 지키는지
가로등만이 겨울 강을 지키는지

한낮의 시끌시끌함도 재우고
유유히 흐르는 강가에서

고독한 겨울바람
강물 위로 둥둥 떠돌며

빛바랜 다리를 건너간다

두고 온 섬 하나

두고 온 섬 하나가
눈에 어른거린다

동지섣달 긴긴밤
아침인 줄 깨어보니 아직도 새벽

몹시도 추운 겨울날
짧은 여행에서 만난 섬 하나
잘 있을까

둥둥 떠다니던 그 섬

어디쯤 멈춰
겨울꽃을 피울까

갈 길을 재촉하며 뒤돌아보니
그 섬은 내게 손짓한다

어서 갈 길 가라고
너의 갈 길 가라고

두고 온 섬 하나가
가슴에서 떠돈다

내 나이 육십에 첫사랑을 만나다

끝없는 철길은
말없이 걸어도
손 한번 잡아보지 못한
먼 철길에 눈 발자국
눈 발자국처럼 순백의 첫사랑

순수했기에
눈 오는 날에
하얀 이별도
뜨거움이었지

아름다운 나의 첫사랑
그리움조차도 잊고 지냈지
하얀 눈이 내리듯

잊혀진 그리움이
눈이 되어 내린다

순수했기에 순수로 남아있는 것들을
다시 보듬으며
내 나이 육십에 첫사랑을 만나듯이
흰 눈이 소복이 쌓이듯
그리움도 쌓인다

이제는 새하얀 눈처럼
순수했던 영혼들을 위하여
기도하리라
순백의 눈이 되어

창문이 흔들리는 건 바람 탓이 아니다

겨울은 봄날을 꿈꾸고
봄날은 여름을 재촉하며
가을은 겨울을 기다린다

또다시 겨울
성급한 마음에
창가에 꽃을 피우고
어지럼증에 놀라 아지랑이를 부른다

잠시 현기증을 가라앉히고
겨울 창가에 서 있는
꿈에서 깨어나다

늘 앞질러 간 꿈이 현실로 와 있을 때
창밖에 꽃들이 속삭인다

서두르지 마라 했거늘
창문 사이로
한 줄기 빛을 선물하는
오늘은 여전히 겨울

기다림에 익숙해질 때도 되었건만
창문이 흔들리는 건
바람 탓 아니다

내 마음이 흔들리는 것이리
봄꽃을 피우기 위해
나는
겨울 창가를 서성인다

겨울 비행

헐벗은 나무들의 반란 같은 겨울

섣부른 희망에 움츠린 가지들이
매서운 회초리가 되어
파랗게 멍이 들고

뒤엉킨 실타래처럼
풀어야 할 숙제 같은 겨울

산언덕
하늘과 제일 가까운 나무 끝
둥지를 튼
겨울새들의 보금자리

찬 바람 아우성에도
그들은 따스한 깃털을 자랑하지 않으며
자유로운 겨울 비행을 한다

겨울나기

땅으로 뿌리를 내리는
나무들의 길도
제각각 모양으로 살아간다

제 몸에서 떨군 앞으로
겨울나기 준비를 하고
봄날을 꿈꾸리라

가는 길은 다르지만
언젠가 우리 만나리라

땅속에서든
하늘에서든

봄비에 스며들어 꿈틀거림으로
하늘을 향한 새 움틈으로
만나리라

겨울잠 한 계절 자고 나면…

겨울 발자국

강물을 닮지 못한
빈 하늘
작은 연못에 웅크린 빈 계절
낙엽에 묻힌
겨울 발자국

남기고 싶은 계절의 아쉬움이
갈색으로 물들고

강물을 닮지 못해
작은 연못에 빈 하늘처럼

자국도 없는 빈자리

발걸음조차 낙엽에 묻히는 나날

슬픔도 기쁨도
모두 묻히는 빈 계절

새벽바람 소리가 스산하다

얼어붙은 달그림자도
발자국 없이
바람 속으로 사라지는 시간

겨울은 벌써
나를 흔들어 놓는다

바람 부는 섬

그곳엔 바람이 없었다
뜨거움이 가라앉힌
차 한잔에 녹아내리는 겨울

고요가 일으키는 소용돌이
작은 섬이 울렁거리게 했다

외로운 섬 하나하나가 모여
일으키던 바람도
잠시 쉬어 가는 듯
바람 부는 섬에서
피어나는 겨울꽃처럼
그윽한 눈빛으로 바라보던 얼굴들
꽃보다 더 아름다운 모습을

겨울바람이
인사동을 지나간다

사금파리 같은 인생

어쩌면 인생은 소꿉놀이 같다

한 해가 저무는 길목에서
도란거리던 꽃들이
푸르게 우거지고
붉게 물들어 떨어지고

한 밥상 차려진
소꿉놀이에
사금파리 같은 인생

설익은 밥알을 곱 씹으며
참으로 씁쓸하다 하는
모래알 같은 인생

그냥 밥맛이 없으면

입맛으로 꾸역거리는
소꿉놀이에
사금파리

겨울비에 떠난 사내

질척이던 사내 녀석이 떠나던 날
궂은 비가 내린다

우산도 없이
멀어져 가는 겨울비 속으로
걸어가는 뒷모습

유난히 빛나던 가로등
서럽게 매달려 있던
늙은 감이 눈물처럼 매달려 있다

나는 부질없이
가로등을 탓하며
떠난 자리를 뒤돌아보는
어리석음으로
그 사내의 울음이 비가 되어 내리는
겨울 속을 걷는다

씁쓸한 정적을
사랑이라고 뇌까려 본다

사랑은 늘
떠난 후에 깨닫는 것이구나
바보처럼…
겨울비처럼…

대나무 숲속으로 들어가 흔들린다

어느 날
대나무 숲에 대고 소리를 질렀다

아 아 소리 지르다
결국
흑 흑 울어버렸다

목이 메었다
소리 지르니 목이 아프단다
꺼이꺼이 목울음이
대나무 숲속으로 들어가 흔들린다

대나무는 숲을 이루고
나는 이제
소리도
울음도
잊어버린 건지
잃어버린 건지
무심히 바라보다
쓴웃음으로
대나무숲 바람 소리 듣는다

길에서 길을 말하다

내가 선택한 길
굽이굽이 걸었다
한참을 걸어도 끝나지 않았다

산모퉁이 돌아설 때
누군가 발걸음을 잡는다

딱따구리였나 보다
딱딱거리며 나무를 두드리는 소리가
어서 빨리 걸어가라는 듯하다

이미 길은 멀어지고
떠나는 사람들의 길은 어디쯤일까

가을이 훌쩍 떠난 길 걸으며
겨울 손님 같은 쓸쓸함을 즐긴다

내가 선택한 길
오늘은 그 길이
너무 아름다워

길에게 길을 말하다
끝없이 걸어가리라

토닥이는 시간

햇살 좋은 날은
초저녁달도
선명하게 아름답다

분홍빛 구름도 흘러
지는 노을에
자태를 감추고

서편 하늘
노을빛 속으로
달려가는 하루

잘 살았다고
토닥이며
저무는 하루하루가
동짓달도 몇 날을 보냈는지

아쉬움보다는
애틋함으로
위로하는 시간

감사함으로
기도라도 할 수 있음은
큰 은총 아닐까

유년의 그림자

어둠을 지나가는 소리
귀 기울이지 않아도
들리는 게 있다

먼 유년 시절
구포동 성당 종소리
종 치기 아저씨는 살아 계실까

성당 앞마당
뛰놀던 그림자는
간 곳 없건만

늙은 소나무
십자가의 길
모퉁이를 지키며
나를 반기니

새벽바람에도
겨울은 따스함이어라

어머니 품속 같은
그 앞마당
보송한 먼지만 날린다

만남의 기쁨이 선물처럼 내게로 왔다

먼 길을 헤치며 여기에 와 있다
은빛 갈대숲에 속삭임도
붉은 단풍잎에 유혹도 저버리고
모든 만남을 거부하는 몸짓

때로는 용감하기도
때로는 비난의 몸부림침으로 서글픈 나날이었다

만남을 향한 나의 길이
결코, 순탄하지 않아
주저앉아 울부짖는 나날이 지나가고
이제는 떳떳해진 어느 날

나는 만남의 기쁨을 선물처럼 받아들이며
은총의 나날로 살아가니
은혜로운 순간들이
태양처럼 빛나고
별처럼 반짝이니
그 또한 은총이리라

사랑한다는 것이
축복처럼 내게 와
슬픔도 기쁨도 한 몸이 되어 뒤엉키고

이제는
목 놓아 울어도 슬픔이 아닌
기쁨으로 만나리라

앙상해진 어깨

바람 불어 나뭇가지 흔들려
나뭇잎을 떨구듯
바람 불면 내 어깨도 흔들린다

날개를 달았을까
바람 불 때마다
떨어진 낙엽처럼
날아가 버린 사람들!

이제 앙상해진 내 어깨는 흔들리지도 않는다

바람이 두렵지 않던 시절도 있었건만
이제는
바람이 겁나는 나이가 되어

앙상해진 어깨
다시 흔들릴까
푸른 하늘만 바라본다

제2부 **봄비에 젖어**

상처
떨켜의 자리
꿈
꽃이 피어날 때
어느 날 문득
봄이 내게 올 때는
이제는 바다가 두렵지 않으리
푸른 기도
봄 선물
봄비에 젖어
봄눈이 녹듯이 내 마음도
쉰넷의 봄을 던져 버린다
봄 앓이
제비꽃 사랑처럼
봄이 오는 소리
갚아먹으며 사는 일
떨어진 꽃잎만큼 세월이 지나간다

상처

허벅지에 상처가 생겼다
그동안
참고 참아온 아픔
피고름 되어 터졌다

검은 자국 남기며
상처는 아물었지만

내게는
긴 상처로 남겨져
오늘도 그 자국 만지며 기다려 본다

기다림은
상처를 어루만지는 일

늘 익숙한 몸짓으로
하루해가 저문다

떨켜의 자리

나 살자고
너를 버리는
그 자리가 떨켜다

망울진 그 자리에서
봄이 오면 새순이 돋고
나는 다시 너를 사랑이라는 이름으로
연둣빛에 빠질 것이다

여름 지나고
가을 지나고
겨울을 지켜내려는 온 힘
떨켜의 자리

다시 품어야 할
끝없는 어미의 젖무덤처럼…

꿈

하얀 목련꽃 꿈을 주었다
꿈속에서 깜짝 놀라 깨어나니

아직
겨울 새벽

그리움이
꿈이 되었나 보다

꽃이 피어날 때

저절로 피어나 아름다운 줄 알았다
긴 긴 세월 지나
꿈틀거리는 대지 위로 뻗어나는 새싹도
그냥 푸른 줄 알았으니
얼마나 어리석은 짓인가

모진 세월이 지나야
싹이 돋고
꽃을 피워
열매가 맺는 줄
내 나이 육십이 되어서야 알았으니

서글퍼 하지 말자
이제는
꽃이 피고
꽃이 지고
바람이 불어도
그 바람조차 기쁨인 것을 깨닫기까지
얼마나 방황했단 말인가

때로는
이방인처럼 비틀거릴 때도
꽃은 피어났으리라

이제는
꽃이 피어날 때
나도 꽃처럼 피어났으리라

기쁨으로
사랑이 피어나듯이…

어느 날 문득

웃음도 잊어버리고
펑펑 쏟아 놓던 울음도
잊어버렸다

웃음을 어디에 가서 찾을까
흐느끼던 울음은 어디로 갔을까

한꺼번에 웃음도 울음도
떠나버렸다

어느 날 문득
그들을 찾아보니
바람이 지나가며
쓸쓸히 대답하더라

입춘이 지나는 밤
창문을 흔들어 놓는 바람이
세월이 훔쳐 갔다고

참지 못하고 까르륵거리던 소리도
멈추지 않고 흐르던 눈물도
모두
바람이 되어 버렸다

이 바람 지나가고
봄꽃이 피어나면

노랑 웃음으로 돌아올까
푸르른 하늘 같은 울음이 쏟아질까

어느 날 문득
기다림으로 기다리며…

봄이 내게 올 때는

아장아장 걷던 아가
뛰어와 내 품에 안기듯
설레게 하고

옹알이하던 앵두 빛 입술
엄마 맘마를 하듯이
흥분되게 하여

연분홍 시절 두근거림이
다시
병처럼 찾아와 앓이를 한다

파고드는 숨결에도
코끝에 물드는 봄빛
봄 향기는
가슴을 풀어 헤치게 하니

봄이 내게 올 때는
나도
겨울 목도리 팽개치고
꽃분홍 여린 스카프 휘날리며

새색시처럼 곱게 단장하고
임 마중하듯
봄님을 맞이하리라

이제는 바다가 두렵지 않으리

굽이굽이 돌고 돌아 흘러가는 강물처럼
흐르고 흘러 잠시 멈춘 곳

우리는 어디서 흘러왔을까?

먼 곳으로 거슬러
올라가려는 마음 가라앉히며

에메랄드 빛깔이었을까
붉은 황톳빛이었을까
우리는 어느 빛으로 흘러왔을까

서로가 마주할 때
또 하나의 산등성 지나서
강물 되어 만나니
이제는 바다가 두렵지 않으리

푸른 기도

새벽에 드리는 기도는 푸른 기도
두 손을 모으는
그 손길조차도 파랗게 촛불을 밝히고
한 말씀만 해달라 청하는 가슴에
푸른 빛으로 답하시는 당신의 그림자

새벽이 깊으면
아침이 밝아 오듯이
푸른 빛이 짙어져
이제는 붉은 눈물로 기도하는 시간

나의 기도는 끝이 없어
당신이 잡아 주신 손 놓치지 않으려고
오늘 새벽은 더욱 절절합니다

봄 선물

봄비가 내리고
촉촉해진 내 마음에

작은 몽우리 하나 생겨나
벽을 바라보던 겨울을 잊으라 한다

혹독했던 시간을 견뎌내고 받은 선물인 양
설렘이 꽃으로 피어나면

겨울은 저 멀리 잊혀진 계절을 되겠지

늘 그렇듯이
수레바퀴 같은 세월 속에서도
봄이 주는 선물은 포장이 없어도
황홀한 기쁨이다

다시 살아갈 의미를 부둥키고
몽우리가 되어보자

꽃으로 피어날
또 다른 꿈이 희망이 되는
봄은
선물이다

봄비에 젖어

이른 새벽
봄비에 젖은 푸른 영혼이
밤새 뒤척이던 꿈자리를 벗어나

촉촉이 젖어 드는
나뭇결에 움틈을 바라보며
나는 전생에 나무였으리라

이렇게 기다림에 지치고

보고픔에 목마르고
사랑으로 부족한 꽃잎
피워 내기 위하여

푸르게 푸르게
봄비 맞아드리니
봄, 새벽이 황홀하여

묶어둔 기도 책을 꺼내며
두 손을 모으니
다시 사랑하라

사랑은 끝이 없으니
봄이 와도

봄이 가도
여름이 지나가도
가을이 어정거려도
겨울 한숨이 길어져도
봄은 다시 오리니

사랑이 다시 오는 것 같이
기도하라 하시니
당신 사랑에 젖어 들듯이
봄비에 젖어
기도하리라

봄눈이 녹듯이 내 마음도

징검다리 건너듯
조심조심하며 찾아오는 봄날

미련한 겨울은 추억으로 남을
흑백 사진첩을 뒤척이게 합니다

보낼 건 보내고
잊혀가는 대로 살고 싶습니다

얼마나 간사한지
눈보라가 얄미운 꽃샘은
나의 이기심이고

꽃 몽우리 서럽게 얼어붙어
세월을 탓하는 푸념이
넋두리처럼
오늘이 지나가고 나면

오늘이
다시 시작될 겁니다

계절은 가고 오는 것
서러워 말자 다짐하건만
속일 수 없는 세월
나도 환갑이 되었습니다

기쁘기도 슬프기도
묘한 마음이 소용돌이치듯
봄바람이 세차게 불어옵니다
봄 눈이 녹듯이…

이제는
내 마음도 녹여야 하는
나이를 바라보게 됩니다

쉰넷의 봄을 던져 버린다

속절없이 피어난
수선화여

그 빛의 봄으로
내게 와 있고

바람은 아리아리한데
그 빛은 고운 손길로
나를 흔드니
하늘 한 번 바라보자구나

바람도
구름도
모두가 네 편인 것을

너를 바라보며
고개 숙여 본다

너의 빛이
하늘빛이고
하늘빛이 너의 빛이 되는 줄
흘러가는 강물에
내 나이 쉰넷을 던져 버린다

봄 앓이

봄날에 피어나는 꽃은
바람꽃처럼
마음을 산란스럽게 한다

곱게 피어난 듯하지만
겨울을 잊으라 하며 부는 바람처럼
이른 봄바람이
피우는 꽃은
왠지 처절해 보인다

겨울이 아픔이라면
그 아픔을 딛고 일어서듯
꿋꿋하게
봄빛을 희망으로 전한다

쉰넷이 지난 지도
벌써 몇 해던가
강물에 던져 버린 쉰넷이
아직도 흘러간다

그 시절
수선화를 바라보던 그 속절없이
봄날에 흐르는 강물처럼
쉼 없이 흐르고

나는 어김없이 봄 앓이 한다
봄바람에 마른기침 콜록거리며
피어난 수선화 바라보며…

제비꽃 사랑처럼

누군가를 사랑한다는 것은
긴 겨울 보내며
환절기를 맞이하고
봄 언덕에 기대어 꽃으로 피어나는 것처럼
몸살을 앓는 일

겨울바람보다 더 쌀쌀함도 이겨내며
손등이 터지듯 가슴이 터지는 것
봄 햇살에 반짝이는
제비꽃 도란거림처럼
힘겨운 시간을 보내고 오순도순 손 잡는 일

누군가를 사랑한다는 것은
봄바람 술렁거려도
꽃이 되는 의미를 부여잡고 버텨야 하는 것

누군가를 사랑한다는 것은
봄날 제비꽃을 피워 내는
황톳빛 땅 내음처럼
뽀얀 흙냄새를 맡는 일

누군가를 사랑한다는 것은
새벽 기도처럼

어둠을 뚫고 아침을 맞이하듯이
겨울 지나고 봄
제비꽃으로 피어나는 일

봄이 오는 소리

소곤소곤
살랑살랑
포근포근
어디서 불어오는지

바람이
하늘가 마른 가지에
봄봄
입김을 불어 넣으며
봄이 오는 소리에
귀 기울인다

봄 처녀 가슴앓이

어디서 불어오는 걸까
봄바람은
산 넘어왔을까
강 건너왔을까

가슴으로 파고들어
꽃잎을 피우겠지

열여덟
봄 처녀 가슴은 부풀어
앞가슴 동정이 풀어지고
치맛자락 펄럭일 때

꽃잎은
노랗게 산수유 되고
빨갛게 명자꽃 되어

봄 마중
임 마중
봄 처녀 가슴앓이

갉아먹으며 사는 일

산다는 것이
매일 매일
조금씩 갉아먹으며 살아지는 것

나는 시간을
너는 이파리를

무엇이든
먹어야 살 수 있겠지
돈을 먹는 자판기도
물 먹는 하마도

먹잇감도 부실했던 세월도 지나
이제는 흥청거려도
사실 갉아먹는 일은
쉽지 않은 노동이리라

무당벌레처럼
온종일 붙어 있어야 하는 노동
나는 온종일
시간을 갉아먹는다

떨어진 꽃잎만큼 세월이 지나간다

피어날 때 설렘은
꿈처럼 잊혀가고

지는 꽃
아픔도 곧 지나고 나면
새로운 향기에 머물러 있겠지

꽃처럼
피고 지고
잠시 머물다 가는 것이
인생이라면

나는 꽃이 아니라
바람이 되고 싶다

제3부 **법성사 다녀오는 길**

봄빛
두고 온 고향
그곳에 가고 싶다
이끼 낀 세월
아직은 너무 춥다
봄 편지
봄이라는 이름으로
법성사 다녀오는 길
하얀 미소
봄 노을
섬진강에서
두고 온 풍경소리
꽃도 피어날 때 아플까
휘청거리는 도시
찔레꽃 피는 언덕
우리 엄마는 치매
낙조대에서
햇살이 수를 놓는다

봄빛

설렘으로 찾아온 봄빛
긴 겨울잠에 나이테를 더하고

망울진 희망으로 일어나
꽃으로 대답하는 봄빛은

방실방실 울 아가 봄처럼 빛난다
가지마다 피어나는 아리아리한 입맞춤

서두르지 않아도 아장거릴 걸음마처럼
봄빛은 그렇게 커가고 있다

두고 온 고향

넓은 창밖으로 보이는
비봉산
안성천

옹기종기 모여 앉은 안성맞춤의 놋그릇들

바우덕이 축제도 지나갔고
봄을 부르는 남사당 패거리들은 뭘 하고 있을까

꿈틀거리며
비봉산의 나무들이 가까이 다가와
바람을 일으킨다

묵은지 같은 벗님들
오랜 포도주 같은 그리움이
봄을 재촉하건만

잠시 쉬어가라 하는지
매서운 꽃샘추위에 얼어붙은
목련 몽우리가 애틋한 날

그들이 내게 온 것이 아니라
내가 그들을 찾아갔다

몇십 년의 세월이 무색해진 날
두고 온 고향은
늘 그리움으로 남아있다

그곳에 가고 싶다

푸른 물결
만발한 유채꽃
겸손한 수선화
떠나올 때는 몰랐던 것들이 문득문득
파도처럼 밀려온다

제주도 어느 시인의 집에서 바라보던
둘째 딸의 젖은 눈빛이 아른거린다

여행에서의 기쁨은 발견이다

나를 찾고
너를 발견하고
일상에서 벗어나 잠시 머물지만
긴 여운을 주는 황홀함의 기억들이
구석구석
모래알로 박혀 있다

하늘이 바다이고
바다가 하늘처럼
푸르던 저 빛에 풍덩 빠졌던
기억을 소환해본다

아직도
그 시인은
꿈결에 시를 베고 잠들고 있을까

철썩거리는
새벽 파도 소리에 깨어나
고양이 밥을 주고 있을까

집 나간 고양이
밥만 먹으러 온단다
다른 앞 동네 와서 놀고 있는 냥이를 보고
반가워하니

이기적인 냥이 쌩까고 딴짓해서
너 이제 밥만 먹으러 오고
배신감에 훌쩍이다가
이제는 밥도 안 줄 거야 했는데

새벽이면
밥그릇 앞에서 먼저 서성이고 있는
자신을 바라보며
시인이 되기 전에 사람도 되지 못한
자신을 다독였다는 그녀, 그 시인!

이끼 낀 세월

이끼 낀 세월이 쓰러졌다
세월의 무게를 견디지 못한
나무는 나이테도 없이

뻗어나가지 못한 뿌리가 한스러워
울먹이는 빗물에 젖어 있다

돌아보니
내게도 푸른 이끼가 자라고 있었다

거두어 낼 힘도 없이
이미 세월은 저만큼 물러나 있고

이팝나무 쌀 톨이
이끼에 떨어져
주섬거리는 나를 위로한다

아직은 너무 춥다

아무리 추워도
겨울은 봄을 이기지 못하리

봄봄
연둣빛 사랑

그 앞에서
무릎 꿇고 겸손해지게 하는
네가 참 대견스럽다

사랑이 고귀하듯
네 작은 망울도
내 사랑이다

마른 가지에 숨겨 놓은
비밀 요정 같은 너

이제 봄날은
너의 날이다

조심조심 피어나렴
아직은 너무 추우니까

어김없이 밥 먹으러 온 냥이
꼬리가 치켜 올라간 걸 보고
"그래도 사랑해 냥이야"
내가 너를 더 많이 사랑해 했단다

그곳에 가고 싶은
봄 새벽 나도
*감자 냥 밥이나 줘야겠다

*감자 냥: 우리 집 반려묘를 부를 때 이렇게 부른다.

봄 편지

봄에는 바람 분다고
바람 불어 꽃이 핀다고
햇살이 따스하다고
햇살에 꽃이 핀다고
뾰족이 새싹이 돋아난다고
연두 잎이 되었다고
그런 편지를 쓰리라

고요하던 강물에
꽃잎이 떨어진다고
당신이 보고 싶다고
그런 편지를 쓰리라
봄에는

당신 계신 그곳에도
바람 불고
햇살은 따스하고
꽃이 피고
꽃이 지고
강물은 흘러가겠지요

답장이 없어도 좋은
봄 편지를 씁니다

봄이라는 이름으로

긴 겨울밤 꾸었던
그 꿈속에서 만난 연둣빛이 내게로
봄이라는 이름으로

죽은 듯이 고요했던 바람도
다시 일어나
봄 길을 걷는다

망울진 여린 빛이
봄꽃으로 피어날 때
오래 묵혀두었던 하늘빛을 스케치하련다

봄 기지개를 켜듯이
사랑의 기지개를 켜고
내게로 온 연둣빛을 사랑으로 맞이하리라

법성사 다녀오는 길

고요한 산사에
휘몰아친 꽃바람

무수히 떨어진 꽃잎만큼
천만 개의 기도가 나뭇가지에 매달리고

목탁 소리 청아한데
내 발걸음은 휘청거리고

꽃바람에 울어주던 풍경소리만
법성사 돌아 돌아
떠나와도 귓가에 흔들리고

옷깃에 묻어온 꽃잎 한 줌이 시름스럽다
더 떨구고 올걸

하얀 미소

봄비에 젖은 목련은
왠지 슬퍼 보인다

필까 말까 망설이던 시간이 지나고
이제는 누구랄 것도 없이
봄 인사를 나눈다

하얗게 질린듯
쏟아 놓는 넋두리 같은 퍼짐

이른 저녁을 챙기는 창가

돌아올 사람도 없건만
덜그럭거리는 골목길

떠난 사람은 알까
남아 있는 자의
슬픈
하얀 미소를

봄 노을

낡은 빨랫줄에 걸린
늙은 노을

종이꽃에
그 사연을 쓰다

휘청거렸던 오후
난무하는 꽃들에 취해
어지럼증 유발 시킨
봄 나른함

노을은 말이 없다
붉어질 뿐이다

펄럭이던 빨래도
보송거리며 떠났고

이른 저녁
덜그럭거리는 빈 수저

봄 노을 앞에
차려진 종이꽃 밥상

섬진강에서

그 줄기를 따라
산으로 산으로 헤매는 봄날

겹겹이 쌓인 인생 같은 산을 바라보며
섬진강은 말없이 흐르고

가뭄에 마른
애비 애미 가슴

먼 산의 꽃들은 붉어지고
다 타고 남은 재

푸르게 다시
태어나는 강가에서
봄날은 간다

휘날리던 치맛자락
먼 기억의 저편
섬진강은 말없이 흐른다

두고 온 풍경소리

범어사의
비에 젖은 연등이
눈앞에 어른거리는 것은

아직 발길이 돌아서지 않은 것이리

두고 떠나온 것이
풍경소리뿐이랴

마음도 두고 왔으니
이리 심란도 하겠지

비 내리는 범어사 가는 길
아직도 나는 그 길을 걷고 있으니
귓가에서 흔들리는
뎅그렁뎅그렁

꽃도 피어날 때 아플까

망울진 시간이 활짝 열렸다
꽃으로 피어날 때는
지는 것을 두려워하지 않으리

겁 없던 시절처럼
만개한 꽃을 바라보며
꽃도 피어날 때는
아프겠지 생각했는데
시름시름 앓던 두통은 내 몫이었다

겹겹이 삼켰던 슬픔
왈칵 쏟아낸 울음처럼
가슴에 뿌려지는 꽃가루
슬프도록 아름다운 봄날이다

휘청거리는 도시

수레바퀴 아래서
도시가 굴러간다

구부정한 휘청거림
어디로 가고 있는지
이정표는 보이지 않고

이팝나무의 흐드러짐은
누군가에게
전화하고 싶게 한다

받아줄 목소리
침묵하는 봄날

휘청거리며
걸어가는 초록 물결
여름을 부른다

뒤돌아보니
저만큼 서 있는 나무들이
나를 끌어안고
휘청거리는 도시를 걷는다

찔레꽃 피는 언덕

내 어머니 같은 찔레꽃
언덕 위에서 기다리고

기다리던 내음
숲속을 헤매는 내게
머무름을 주시는 어머니처럼
곱게도 피어나
멈추게 하니

어미니 만난 듯 울컥하여
코를 박고
가슴에 안기어
펑펑 울고 싶은 날

찔레꽃 같은 어머니
더욱 그리운 봄날

다시 언덕을 내려갑니다

우리 엄마는 치매

나이를 먹는다는 건
내 속살 다 드러내는 일

고양이처럼 벌렁 자빠져도
일어나지 못하고
끙끙거리는 일

기억할 것을 잃어버리고
잊어야 할 것을
끄집어내어 괴롭히는 일

우리 엄마는 치매
나도 그 길을 가고 있다

쓸쓸한 병실에서

낙조대에서

은빛 물결의 유혹
가라앉지 않는 흥분

바라보는 사람들
무엇을 생각하고 있을까

나는 아무 생각이 없다
풍성하고 빠질 용기도 없다

다시 오기로 약속을 했다
오늘 잡지 못한 손
그날은 꼭 잡으리라

햇살이 수를 놓다

나뭇잎을 만나 어울리더니
금실을 풀고
은실을 감아

한 조각 한 조각
금박 바느질 수를 놓고

수틀에 매이지 않는
유월을
무릎 위에 앉혀 놓고

꿈을 꾸듯이
수를 놓는 햇살

제4부 **부뚜막에서 쓰는 편지**

세월의 강
바람 불어 좋은 날
바람의 일기
들말을 서성이며
고삼 저수지의 아침
10년 만의 외출
너에게
당신의 이름은 오월이었습니다
그리움인 것을 깨닫기까지
소나무처럼 살고 싶었다
부뚜막에서 쓰는 편지
거미줄에 걸렸다
소나무 너에게 머물다
매미 한 시절

세월의 강

꽃이 핀다고 기뻐할 일도
꽃이 진다고 슬퍼할 일도 아닌 것을
이제야 깨달으니
참 어리석은 나날이었다

세월의 강은
말없이 흘러가는데
부질없이 흘려버린 언어들

이제는 고요히
바라보는 것으로
너를 본다

바람 불어 좋은 날

흔들리는 건 당연한 일
바람은 저 불고 싶은 대로 분다

나는 나 흔들리는 대로 흔들리지 못하고
바람 부는 대로 흔들릴 뿐이다

곳곳에 매달린 풍경소리처럼
고요할 수 없는 바람
오늘은
바람 불어도 좋은 날

비를 몰고 다니는 구름도
바람이 앞서가고
구름은 흘러갈 뿐이다

월정사의 새벽은 깊어 가고
바람도 고요한 새벽

기도를 준비하는
분주한 바람이
새벽을 깨운다

이제는 나도 바람처럼
나 불고 싶은 대로 불고 싶다

바람의 일기

고요 속으로 걸어간다

아주 작은 바람이 지나가며
흔들리는 소리
귀 기울여 듣는다

오랜 침묵을 깨우는 바람 소리
흔적도 없다

지나가고 나서야
바람인 줄 알았다

바람은 고요한데
가슴은 태풍이 지나간 듯
휘몰아치던 자욱이 곳곳에 상처로 남아
미워했던 바람

바람 부는 만큼 아프고
그 아픈 만큼 성숙해진 걸까

이제는 바람의 일기를 써내려 간다
바람을 사랑했었나
흔들렸던 마음이 굳어진 듯

바람을 기다리는 오늘은
고요하기만 하다

들말을 서성이며

넓지도 않은 논
고랑 고랑
당신의 땀방울이
맺혀 있는 들말

어디 가셨는지
당신의 모습은 보이지 않고

논두렁
꽃으로 오셨는가

허허한 벌판에 물을 대고
모심기하려는가

막걸리 한 잔도 못 하시는
산 부처 같은 당신의 모습이 아른거려

농부의 아내로 산
내가 부끄럽게
부지런하시던 발걸음

아직도 들말을 서성인다

고삼 저수지의 아침

긴 불면의 수다를 깨우는
새벽을 지나
아침을 맞이하는 저수지에서

나는 너를 보았고
너는 나를 만나
허우적이던 긴 밤

낚싯줄에 걸린 인생
풀리지 않는
답을 끊어 버리고

다시
아침을 맞이하며
감사하다는 기도로
두 손을 모은다

10년 만의 외출

묵은 먼지 털어 내고
거리를 나섰다

얼마 만인가
모든 것이 낯선 도시

10년 전 떠나온 언덕길
다시 내려가며

언제 돌아올지 모르는 넋두리를
꽃잎 떨구듯 흩뿌리며

10년 만의 외출을 한다
묵혀둔 설렘을
가방에 둘러매고
성공한 외출을 꿈꾼다

너에게

그런 편지를 쓴다
늘 단아한 네가
거침없이 올라갈 때
나는 무서웠다

소심한 내가 바라보는 너는
굴곡이 없는 줄 알았거든

저렇게 벽을 넘고
등을 타는
담쟁이인 것을

나는
이제야 알았다
육십이 넘은
이 나이에
최백호의 낭만에 대하여
그것이 가슴에 절절한 시간

숨죽여 쓰는
이 편지가 도착할 즈음
너는
무얼 할까

나는 그저
꾸역거리는 글을 쓴다

누군가의 위로가 되던
슬픔이 되던
나는
그냥 글을 쓸 뿐이다

당신의 이름은 오월이었습니다

찬란했던 꽃 빛깔 보다
초록빛 바다를 사랑했던 어머니

바람 불어 흔들리는 푸른 가지에
당신의 설움
가지가지 새싹 돋아

꽃 피고 지고
연둣빛 사랑에 목매던 어머니

먼 산 같은 품에 안겨
꽃잎이 지고
초록 바람이 지나가듯
그렇게 오월은 지나가고…

어머니
당신의 이름은 오월이었습니다

그리움인 것을 깨닫기까지

바람이 얼마나 불었을까
계절이 몇 번쯤 지나갔을까

아우성치던 꽃잎 진 자리
초록 바람이 성큼 불어온다
시간이 지나가듯이
그리움도 지나갈 줄 알았는데
꽃잎보다 더 아릿한 그리움이
푸르게 짙어만 간다

이제는 바람이 불어와도
그리움에 절절해지지 않으리라

저 길이 그리움인 것을
깨닫기까지
성큼성큼 걸어가리라

소나무처럼 살고 싶었다

변하지 않으리라
섣부른 맹세는 허물어지고

빛바랜 사진첩에
눅눅한 얼룩이
내가 되어 있었다

다시 일어서자고 다독이며
손을 잡았다

저 푸른 솔이 너였다고
다시 돌아가자고
발길을 재촉해도

이미 너무 먼 길을
뒤돌아가기엔
나는 힘없는 노인이 되어 있었다

꿈을 꾸듯이
헤매던 어린 소나무는
노송으로 가는 길을
잃지는 않았나 보다

아직도
나는
소나무처럼 살고 싶다

부뚜막에서 쓰는 편지

뽀얗게 행주를 삶았고
구멍 난 양은솥 단지 땜 때우고
묵은 먼지 가득 담고 있는
놋그릇을 쏟았다

기왓장 가루 묻힌 짚수세미로
문지르기 시작하고
얼마만큼 시간이 흘렀을까

반짝임을 미뤄 놓고
기름 냄새 풍기는 놋 접시를 펼치고

돌아가신 조상을 위한 일인지
산 사람을 위한 일인지
오늘 밤 제사 준비 정성껏 한다

부뚜막이 분주해졌다

편지를 쓴다
오지 못하는 사람을 위하여
와도 떠날 사람을 위하여

뽀얀 행주질로
수없이 닦아야 하는
부뚜막 편지

거미줄에 걸렸다

살다 보니
구석구석 저들의 자리가 생겼다

오래 묵혀둔 모퉁이
실타래 엉키듯 차려진
거미집을 부수고

지하 방으로 옮겼다
아 나의 실수였다
그곳은 그들의 보금자리

그래, 같이 사는 거야
나도 한때는
거미줄처럼
줄 서는 것에 익숙하지 못해
땅으로 떨어졌었지

그들과의 동행이
어설프지 않은 건
이미 나는 거미줄에 걸렸기 때문이다

소나무 너에게 머물다

발길을 멈추게 하는
너 앞에서
가만히 마주했다

휘어진 허리
굽은 어깨
절룩거리는 다리
삐그덕거리는 관절들

세월이 남겨 놓은 흔적을
고스란히 받아들이며
버팀목이 되어준 너에게
아무 말도 할 수 없었다

네가 나인 것을
내가 너인 것을

애틋한 마음에
어루만지며
울컥하고 돌아섰다

뒤돌아보지 않아도 안다
너도 나를 보며
울먹이는 것을…

매미 한 시절

평생을 나무에 매달려
울다 울다 지쳐
껍질을 벗고 가는 길

얼마나 서러우면
이 밤에도 슬피 울까
새벽이 와도
그 소리는 끝나지 않는 곡조

여름 한 시절
왔다 가며 매미가 남기고 가는 설움
내 설움 같아서
잠에서 깨어나
마른 눈물로 같이 흐느낀다

매미도 눈물이 흐를까
목청껏 소리 질러도
누가 무어라 하는 이 없으니
울음 같은 노래를
노래 같은 울음을 토해 놓는
너의 한 시절

에필로그

어느 봄날
인사동에서 만남을
미루고 미뤄
다음 해 봄

목련꽃
몽우리가 터지는 날
긴 겨울잠에서 깨어나
기지개를 켜며
순백의 내음처럼
펼쳐진 꿈

늘 함께하며 식구가 된
우리의 여행이 끝나는 날까지
빈 수저 앞에 놓고도 배부를 수 있는
9기 시인님들의 아낌없는 응원에
글쟁이로서 눈물 나는 고백을 했습니다.

손잡아 주신 하느님께
감사드리며
또 꿈을 꾸겠습니다.

2025년 봄날 언덕에서

시인 비봉 김 민 지

희청거리는 도시

초 판 인 쇄	2025년 04월 03일
초 판 발 행	2025년 04월 10일
지 은 이	김민지
발 행 처	다담출판기획 TEL : 02)701-0680
	서울시 영등포구 영신로30길 14, 2층
편 집 인	박종규
등 록 일	2021년 9월 17일
등 록 번 호	제2021-000156호
I S B N	979-11-93838-39-6 03800
가 격	13,000원

본 책은 지은이의 지적재산이므로 무단전재와 복제를 금합니다.